AF198998

Impressum
Verlag: BABADADA GmbH, Nedderfeld 112 , 22529 Hamburg
Geschäftsführer / Verlagsleitung: Harald Hof
Druck: Books on Demand GmbH, In de Tarpen 42, 22848 Norderstedt

Imprint
Publisher: BABADADA GmbH, Nedderfeld 112 , 22529 Hamburg, Germany
Managing Director / Publishing direction: Harald Hof
Print: Books on Demand GmbH, In de Tarpen 42, 22848 Norderstedt, Germany

Schule
سکول

Klassenzimmer
کلاس روم
dividieren
تقسیم
186/2
Tafel
بورڈ
Schulhof
سکول نا میدان
Lehrer
استاد
Papier
کاغذ
schreiben
لکھنا
Stift
قلم
Schreibtisch
میز
Lineal
سکیل
Buch
کتاب
Schüler
شاگرد

Ranzen
جزدان

Federmappe
پینسل دا ڈبہ

Bleistift
پینسل

Bleistiftanspitzer
پینسل شارپنر

Radiergummi
ربر

Zeichenblock
ڈرائنگ پیڈ

2

Schule - سکول

Zeichnung

ڈرائنگ

Pinsel

پینٹ برش

Malkasten

پینٹ باکس

Schere

قینچی

Klebstoff

گلو

Übungsheft

مشقی کتاب

Hausaufgabe

گھر دا کم

Zahl

عدد

addieren

جمع

subtrahieren

تفریق

multiplizieren

ضرب

rechnen

کیلکو لیٹ

Buchstabe

خطرہ

Alphabet

حروف تہجی

Wort

لفظ

Text

متن

lesen

پڑھنا

Kreide

چاک

Stunde

سبق

Klassenbuch

رجسٹر

Prüfung

امتحان

Zeugnis

سند

Schuluniform

سکول نی وردی

Ausbildung

تعلیم

Lexikon

انسائیکلوپیڈیا

Universität

یونیورسٹی

Mikroskop

مائیکرو سکوپ

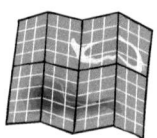

Karte

نقشہ

Papierkorb

کچرے نا ڈبہ

Reise

سفر

Hotel
ہوٹل
Grand
Herberge
باسٹل
ROOMS
Wechselstube
ایکسچینج دفتر
EXCHANGE
Koffer
سوٹ کیس
Auto
کار

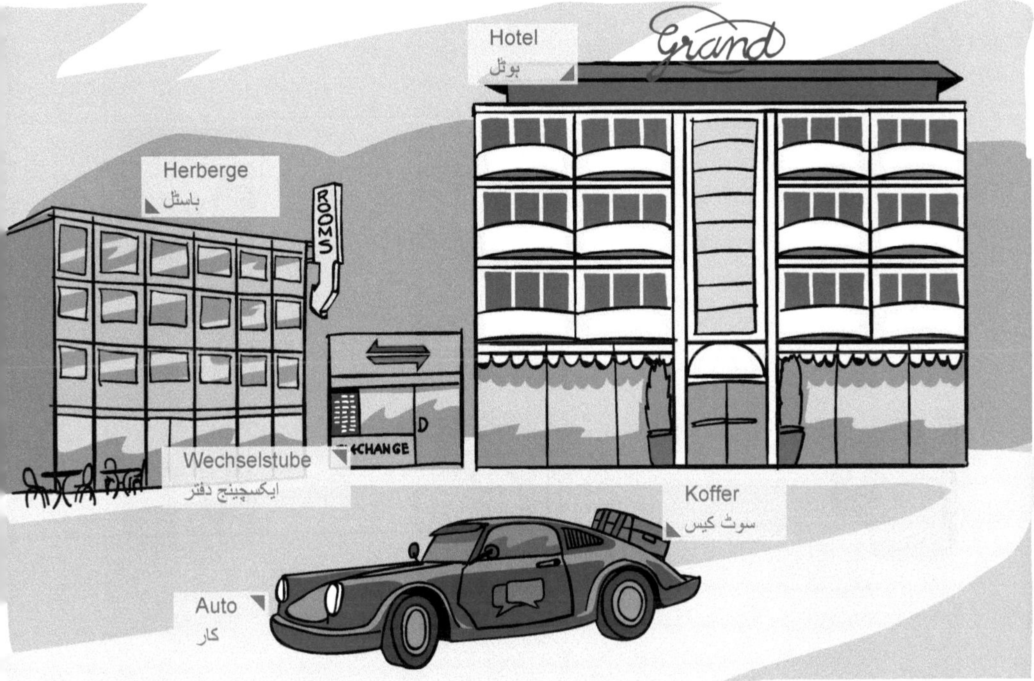

Sprache

بولی

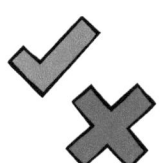

ja / nein

ہاں /نئیں

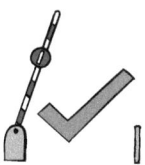

Okay

ٹھیک ہے

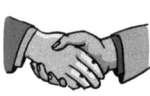

Hallo

اسلام و علیکم

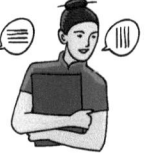

Übersetzer

ترجمان

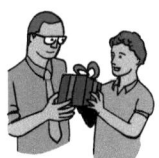

Danke

شکریہ

Was kostet…?

ایہہ کنے نے ؟

Ich verstehe nicht

می سمجھ نئیں رلی

Problem

مسئلہ

Guten Abend!

اسلام و علیکم

Guten Morgen!

اسلام و علیکم

Gute Nacht!

اللہ حافظ

Auf Wiedersehen

اللہ نے حوالے

Richtung

سمت

Gepäck

سامان

Tasche

بیگ

Rucksack

بیک پیک

Gast

مہمان

Zimmer

کمرہ

Schlafsack

سلیپنگ بیگ

Zelt

خیمہ

Touristeninformation

سياح لئى معلومات

Strand

ساحل سمندر

Kreditkarte

کریڈٹ کارڈ

Frühstück

ناشتہ

Mittagessen

دوپہر نا کھانا

Abendessen

رات نا کھانا

Fahrkarte

ٹکٹ

Fahrstuhl

لفٹ

Briefmarke

مہر

Grenze

بارڈر

Zoll

کسٹمز

Botschaft

ایمبیسی

Visum

ویزا

Pass

پاسپورٹ

Transport
ٹرانسپورٹ

Flugzeug
جہاز
Schiff
پانی آلا جہاز
Feuerwehrauto
فائر انجن
Lastwagen
ٹرک
Bus
بس
Motorboot
موٹر بوٹ
Fahrrad
بائیک
Auto
کار

Fähre

فیری

Boot

کشتی

Motorrad

موٹر بائیک

Polizeiauto

پولیس کار

Rennauto

ریسنگ کار

Mietwagen

کرایہ نی گڈ

Carsharing

کار شئیرنگ

Abschleppwagen

بریک ڈاؤن ٹرک

Müllauto

ریفیوز ٹرک

Motor

موٹر

Kraftstoff

فیول

Tankstelle

پٹرول سٹیشن

Verkehrsschild

ٹریفک سائن

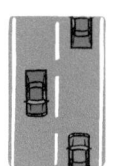

Verkehr

ٹریفک

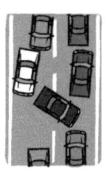

Stau

ٹریفک جام

Parkplatz

کار پارک

Bahnhof

ریل سٹیشن

Schienen

ٹریکس

Zug

ریل

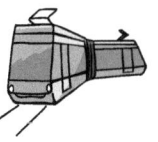

Straßenbahn

ٹرام

Wagon

کیرج

Helikopter

بیلی کاپٹر

Flughafen

ائر پورٹ

Tower

مینار

Passagier

مسافر

Container

کنٹینر

Karton

کاٹن

Karren

چھکڑا

Korb

بالٹی

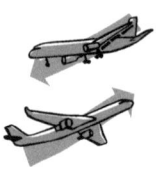

starten / landen

اڈنا / لہنا

Stadt

شہر

Dorf

پنڈ

Stadtzentrum

سٹی سینٹر

Haus

گھار

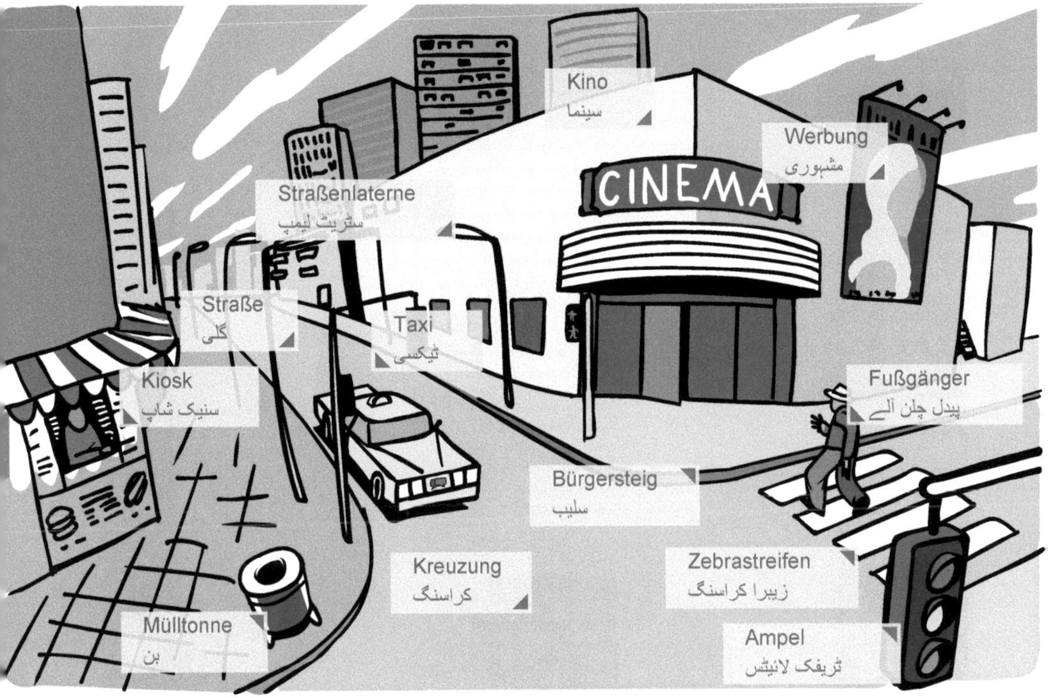

Kino
سینما

Werbung
مشہوری

Straßenlaterne
سٹریٹ لیمپ

CINEMA

Straße
گلی

Taxi
ٹیکسی

Kiosk
سنیک شاپ

Fußgänger
پیدل چلن آلے

Bürgersteig
سلیب

Kreuzung
کراسنگ

Zebrastreifen
زیبرا کراسنگ

Mülltonne
بن

Ampel
ٹریفک لائیٹس

Hütte
ہٹ

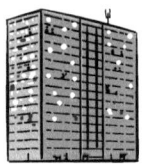

Wohnung
فلیٹ

Bahnhof
ریل سٹیشن

Rathaus
ٹاؤن ہال

Museum
میوزئیم

Schule
سکول

Universität

یونیورسٹی

Bank

بنک

Krankenhaus

ہسپتال

Hotel

ہوٹل

Apotheke

فارمیسی

Büro

دفتر

Buchhandlung

کتب خانہ

Geschäft

ہٹی

Blumenladen

پھلاں الے

Supermarkt

سپر مارکیٹ

Markt

بازار

Kaufhaus

ڈیپارٹمنٹ سٹور

Fischhändler

مچھیرے

Einkaufszentrum

شاپنگ سینٹر

Hafen

بندرگاہ

Park

پارک

Bank

بنچ

Brücke

پل

Treppe

سیڑھیاں

U-Bahn

انڈر گراؤنڈ

Tunnel

ٹنل

Bushaltestelle

بس سٹاپ

Bar

بار

Restaurant

ریسٹورنٹ

Briefkasten

پوسٹ بکس

Straßenschild

سٹریٹ سائن

Parkuhr

پارکنگ میٹر

Zoo

چڑیا گھر

Badeanstalt

سوئمنگ پول

Moschee

مسجد

Bauernhof

فارم

Umweltverschmutzung

آلودگی

Friedhof

قبرستان

Kirche

چرچ

Spielplatz

پلے گراؤنڈ

Tempel

مندر

Landschaft

منظر

Blatt
پتہ

Wegweiser
سائن پوسٹ

Weg
راہ

Wiese
سر سبز میدان

Stein
پتھر

Baum
درخت

Wanderer
ہائیکر

Fluss
دریا

Gras
گاہ

Blume
پھل

Tal

وادی

Berg

پہاڑی

See

نہر

Wald

جنگل

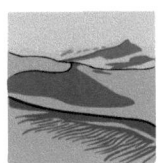

Wüste

صحرا

Vulkan

آتش فشاں

Schloss

قلعہ

Regenbogen

رین بو

Pilz

کھمبی

Palme

پام ٹری

Moskito

مچھر

Fliege

مکھی

Ameise

چیونٹا

Biene

مکھی

Spinne

مکڑی

Käfer

بھونرا

Frosch

مینڈک

Eichhörnchen

گلہری

Igel

سیہہ

Hase

ساھیا

Eule

الو

Vogel

پرندہ

Schwan

راج ہنس

Wildschwein

نر سور

Hirsch

ہرن

Elch

بارہ سنگا

Staudamm

ڈیم

Windrad

ونڈ ٹربائن

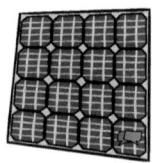

Solarmodul

شمسی توانائی دا پینل

Klima

آب و ہوا

Restaurant
ریسٹورنٹ

Kellner
ویٹر
Speisekarte
مینیو
Stuhl
کرسی
Suppe
سوپ
Pizza
پیزا
Besteck
پھانڈے
Tischdecke
میز نا کپڑا

Vorspeise
سٹارٹر

Hauptgericht
مین کورس

Nachspeise
ڈیزرٹ

Getränke
مشروب

Essen
کھانا

Flasche
بوتل

Fastfood

فاسٹ فوڈ

Streetfood

سٹریٹ فوڈ

Teekanne

ٹی پاٹ

Zuckerdose

شوگر بول

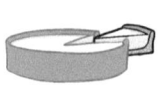

Portion

پورشن

Espressomaschine

اسپریسو مشین

Hochstuhl

ہائی چئیر

Rechnung

بل

Tablett

ٹرے

Messer

چھری

Gabel

کنڈا

Löffel

چمچ

Teelöffel

ٹی سپون

Serviette

تولیہ

Glas

گلاس

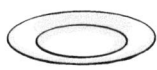

Teller

پلیٹ

Suppenteller

سوپ پلیٹ

Untertasse

ساسر

Sauce

چٹنی

Salzstreuer

نمک دانی

Pfeffermühle

پیپر مل

Essig

سرکہ

Öl

تیل

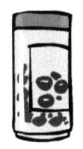

Gewürze

مصالحہ

Ketchup

کیچپ

Senf

سرہیئوں

Mayonnaise

مینیز

Supermarkt

سپر مارکیٹ

Angebot
سپیشل آفر
Kunde
گاہک
Milchprodukte
ڈیری
Obst
پھل
Einkaufswagen
ٹرالی

Schlachterei

قصائی

Bäckerei

بیکرز

wiegen

وزن

Gemüse

سبزیاں

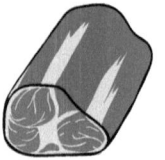

Fleisch

گوشت

Tiefkühlkost

فروزن فوڈ

Aufschnitt

کولڈ گوشت

Konserven

ٹن فوڈ

Waschmittel

واشگ پوڈر

Süßigkeiten

مٹھائی

Haushaltsartikel

کھار دیاں چیزاں

Reinigungsmittel

صفائی آلی چیزاں

Verkäuferin

سیل مین

Kasse

ٹل

Kassierer

کیشئیر

Einkaufsliste

شاپنگ لسٹ

Öffnungszeiten

کھلن دا ویلا

Brieftasche

پرس

Kreditkarte

کریڈٹ کارڈ

Tasche

بیگ

Plastiktüte

پلاسٹک بیگ

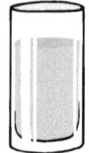

Getränke

مشروب

Wasser

....

پانی

Saft

....

جوس

Milch

....

ددھ

Cola

....

کوک

Wein

....

شراب

Bier

....

شراب

Alkohol

....

شراب

Kakao

....

کوکا

Tee

....

چا

Kaffee

....

کافی

Espresso

....

اسپریسو

Cappuccino

....

کیپچینو

Essen
کھانا

Banane

کیلا

Apfel

سیب

Orange

موسمبی

Melone

تربوز

Zitrone

نیمبو

Karotte

گاجر

Knoblauch

لہسن

Bambus

بانس

Zwiebel

پیاز

Pilz

کھمبی

Nüsse

میوے

Nudeln

نوڈلز

Spaghetti
....
سپیگیٹی

Reis
....
چاول

Salat
....
سلاد

Pommes frites
....
چپس

Bratkartoffeln
....
تلے ہوئے آلو

Pizza
....
پیزا

Hamburger
....
ہیم برگر

Sandwich
....
سینڈوچ

Schnitzel
....
تکے

Schinken
....
ہیم

Salami
....
سلامی

Wurst
....
ساسج

Huhn
....
مرغی

Braten
....
بھنیا ہویا

Fisch
....
مچھی

Haferflocken

جو نا دلیہ

Müsli

مولی

Cornflakes

کارن فلیکس

Mehl

آٹا

Croissant

کرائسنٹ،

Brötchen

بریڈ رول

Brot

روٹی

Toast

ٹوسٹ

Kekse

بسکٹ

Butter

مکھن

Quark

دہی

Kuchen

کیک

Ei

انڈا

Spiegelei

تلیا انڈا

Käse

پنیر

Eiscreme

آئس کریم

Zucker

چینی

Honig

شہد

Marmelade

جام

Nougat-Creme

چاکلیٹ سپریڈ

Curry

سالن

Bauernhof
فارم

Scheune
گودام
Strohballen
ونڈا
Feld
Pferd
گھوڑا
Anhänger
ٹرالی
Traktor
ٹریکٹر
Fohlen
بچھیرا
Esel
کھوتا
Schaf
بھیڈ
Lamm
بھیڑ

Ziege
بکری

Kuh
گاں

Kalb
بچھڑا

Schwein
سور

Ferkel
پگ لیٹ

Bulle
بیل

Gans

بطخ

Ente

بطخ

Küken

چوزہ

Huhn

مرغی

Hahn

مرغا

Ratte

چوہا

Katze

بلی

Maus

چوہا

Ochse

بیل

Hund

کتا

Hundehütte

کتے نا کھار

Gartenschlauch

لان نا پائپ

Gießkanne

پانی نا ڈبی

Sense

درانتی

Pflug

ہل

Sichel

درانتی

Hacke

ہو

Mistgabel

ترنگل

Axt

کوہاڑی

Schubkarre

ریڑھی

Trog

ڈونگا

Milchkanne

ددھ نا ڈبہ

Sack

بورا

Zaun

باڑ

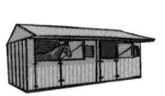

Stall

اصطبل

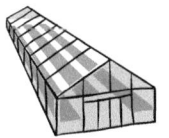

Treibhaus

گرین ہاؤس

Boden

مٹی

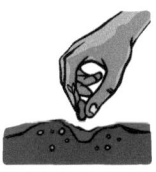

Saat

بیج

Dünger

کھاد

Mähdrescher

کمبائن ہارویسٹر

ernten

فصل

Ernte

فصل

Yamswurzel

یامز

Weizen

گندم

Soja

سویا

Kartoffel

آلو

Mais

مکئی

Raps

تلی

Obstbaum

پهلدار درخت

Maniok

کاساوا

Getreide

اناج

Haus
کھار

Schornstein
چمنی
Dach
چھت
Regenrinne
نالی
Fenster
کھڑکی
Garage
گیراج
Klingel
دروازے نی گھنٹی
Tür
دروازہ
Mülleimer
کچرا دان
Briefkasten
لیٹر باکس
Garten
باغ

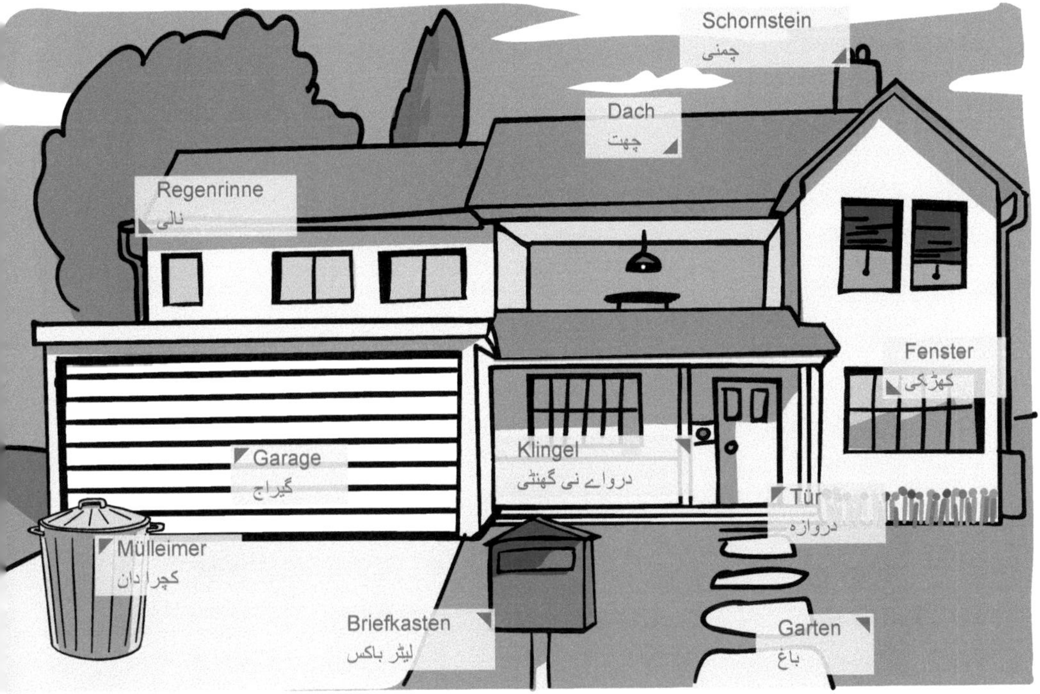

Wohnzimmer
لونگ روم

Badezimmer
باتہ روم

Küche
باورچہ خانہ

Schlafzimmer
بیڈروم

Kinderzimmer
بچیاں نا کمرہ

Esszimmer
ڈائننگ روم

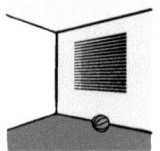

Boden

فرش

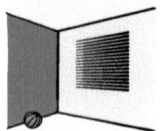

Wand

دیوار

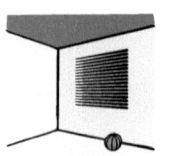

Decke

چھت

Keller

سلہا

Sauna

سوانا

Balkon

بالکنی

Terrasse

ٹیرس

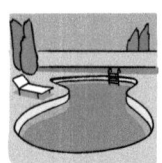

Schwimmbad

پول

Rasenmäher

لان موور

Bettbezug

شیٹ

Bettdecke

بیڈ سپریڈ

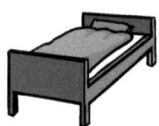

Bett

بیڈ

Besen

جھاڑو

Eimer

بالٹی

Schalter

سوئچ

Wohnzimmer
لونگ روم

Tapete
وال پیپر
Bild
تصویر
Lampe
لیمپ
Regal
شیلف
Schrank
الماری
Fernseher
ٹیلیویژن
Kamin
آگ دان
Blume
پھل
Kissen
کشن
Sofa
صوفہ
Vase
گلدان
Fernbedienung
ریموٹ کنٹرول

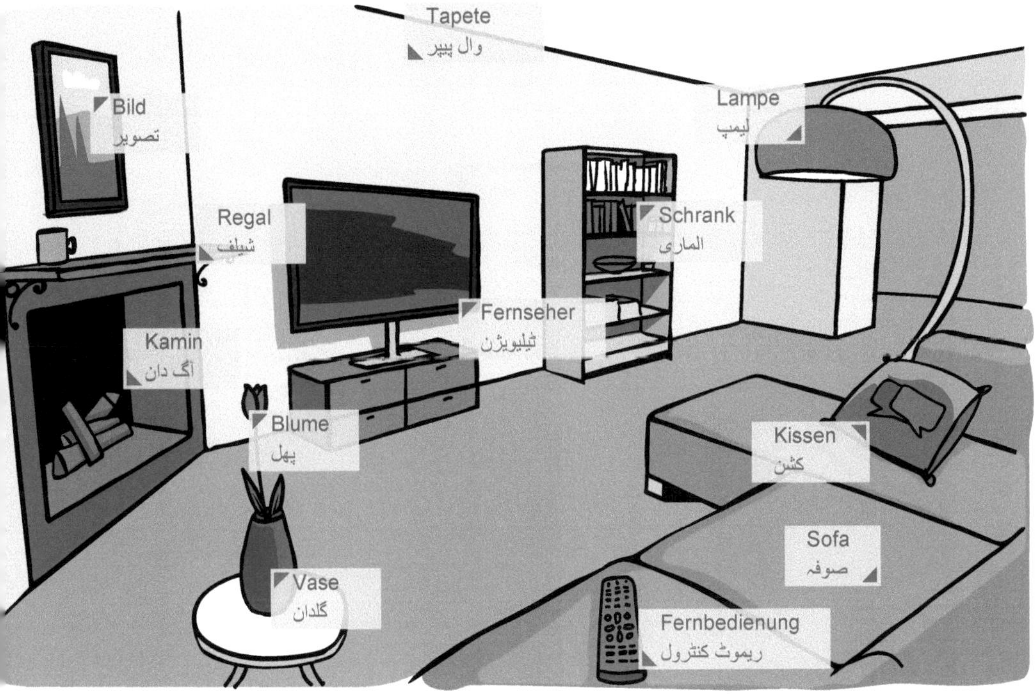

Teppich

قالین

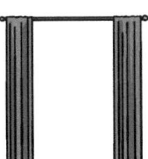

Vorhang

پردے

Tisch

میز

Stuhl

کرسی

Schaukelstuhl

راکنگ چئیر

Sessel

آرم چئیر

Buch

کتاب

Decke

کمبل

Dekoration

ڈیکوریشن

Feuerholz

کولے

Film

فلم

Stereoanlage

ہائی فائی آلات

Schlüssel

چابی

Zeitung

اخبار

Gemälde

پینٹنگ

Poster

پوسٹر

Radio

ریڈیو

Notizblock

نوٹ پیڈ

Staubsauger

ہوور

Kaktus

کیکٹس

Kerze

موم بتی

Küche

باورچہ خانہ

Kühlschrank
فرج
Mikrowelle
مائیکرو ویو اوون
Küchenwaage
کچن سکیل
Toaster
ٹوسٹر
Reinigungsmittel
صرف
Backofen
اوون
Gefrierfach
فریزر
Mülleimer
کچرا دان
Geschirrspüler
پھانڈے دھون آلا

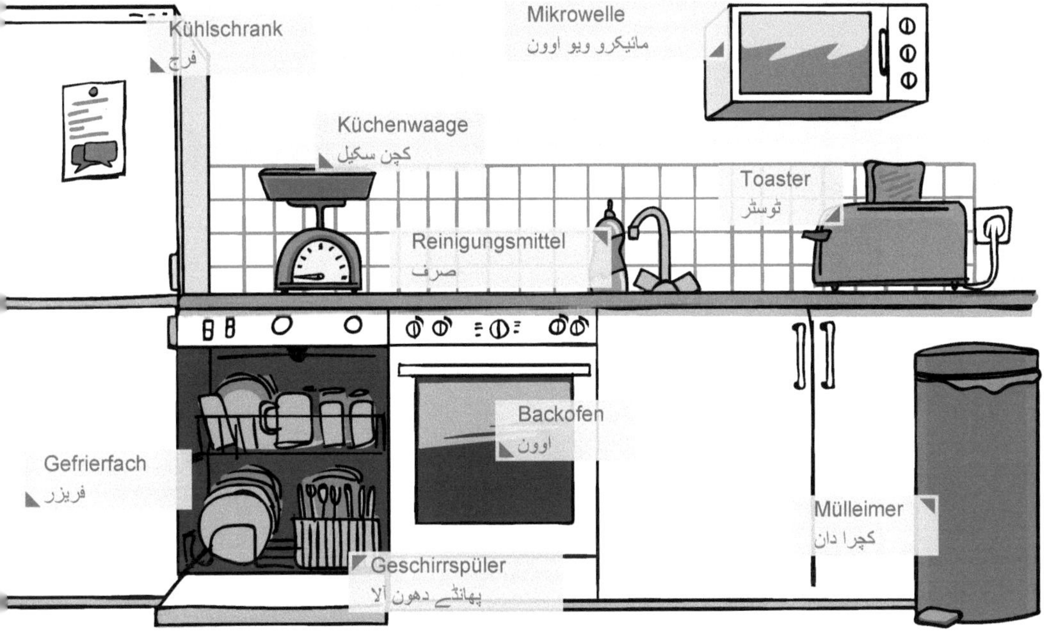

Herd
....
ککر

Topf
....
پاٹ

Eisentopf
....
کاسٹ آئرن پاٹ

Wok / Kadai
....
ووک / کدائی

Pfanne
....
پین

Wasserkocher
....
کیتلی

Dampfgarer

....

سٹیمر

Backblech

....

بیکنگ ٹرے

Geschirr

....

بھانڈے

Becher

....

مگا

Schale

....

پیالہ

Essstäbchen

....

چوپ سٹکس

Suppenkelle

....

کرچھل

Pfannenwender

....

اسپالی

Schneebesen

....

پھینٹن آلا

Kochsieb

....

چھننا

Sieb

....

چھننی

Reibe

....

جھاواں

Mörser

....

کھان پکان آلا چمچہ

Grill

....

باربی کیو

Feuerstelle

....

چولھا

Schneidebrett

....

کٹنگ بورڈ

Nudelholz

....

رولنگ پن

Korkenzieher

....

کارک سکرو

Dose

....

کین

Dosenöffner

....

کین کھولن آلا

Topflappen

....

پاٹ پگڑن آلا

Waschbecken

....

سنک

Bürste

....

برش

Schwamm

....

سپنج

Mixer

....

بلینڈر

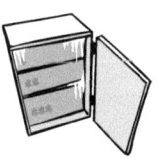

Gefriertruhe

....

ڈیپ فریزر

Babyflasche

....

بچے نی بوتل

Wasserhahn

....

ٹوٹی

Badezimmer

باتھ روم

Heizung
Handtuch
تولیہ
Dusche
شاور
Duschvorhang
شاور کرٹن
Schaumbad
ببل باتھ
Badewanne
Waschmaschine
واشنگ مشین
Fliesen
ٹائل
Wasserhahn
ٹوٹی
Glas
گلاس
Töpfchen
پاخانہ
Waschbecken
سنک

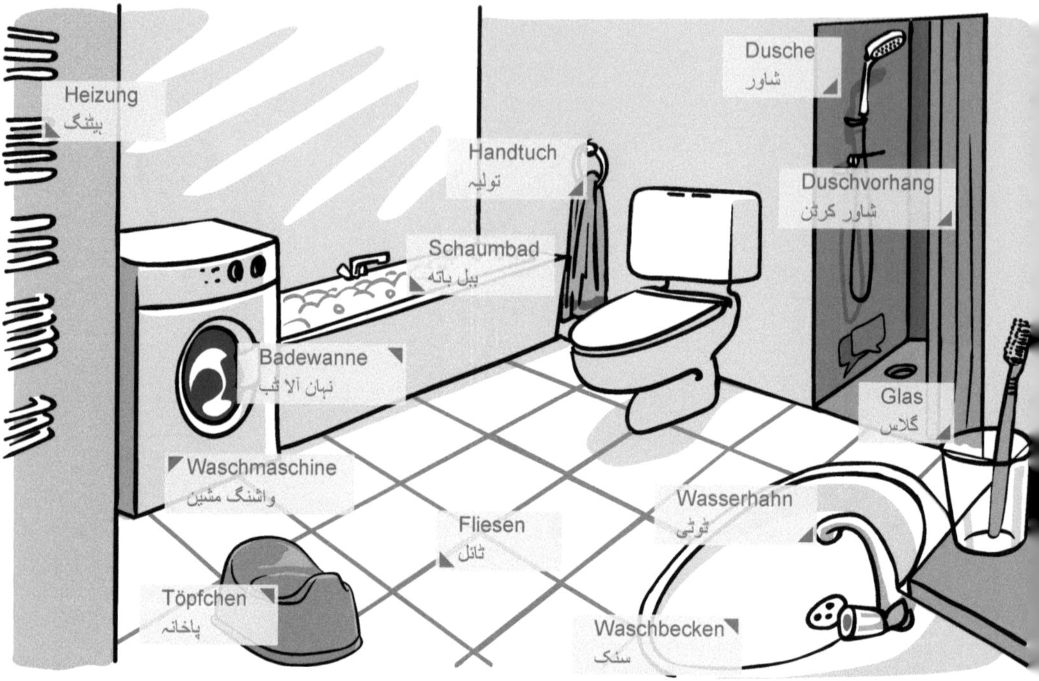

Toilette

ٹوائلٹ

Hocktoilette

ٹوائلٹ

Bidet

بڈت

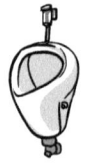

Pissoir

پیشاب

Toilettenpapier

ٹوائلٹ پیپر

Toilettenbürste

ٹوائلٹ برش

Zahnbürste
....
ٹوتھ برش

Zahnpasta
....
ٹوتھ پیسٹ

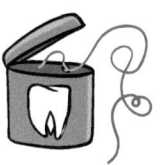

Zahnseide
....
ڈینٹل فلاس

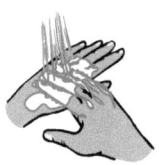

waschen
....
دھونا

Handbrause
....
ہتھ وچ پھڑن آلا شاور

Intimdusche
....
شاور

Waschschüssel
....
بیسن

Rückenbürste
....
بیک برش

Seife
....
صابن

Duschgel
....
شاور جیل

Shampoo
....
شیمپو

Waschlappen
....
فلالین

Abfluss
....
نالی

Creme
....
کریم

Deodorant
....
ڈیوڈرنٹ

Spiegel

آئینہ

Kosmetikspiegel

ہتھ آلا شیشہ

Rasierer

استرا

Rasierschaum

شیونگ فوم

Rasierwasser

آفٹر سیو

Kamm

کنگھا

Bürste

برش

Föhn

ہئیر ڈرائر

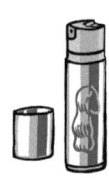

Haarspray

ہئیر سپرے

Makeup

میک اپ

Lippenstift

لپ سٹک

Nagellack

ناخن نی وارنش

Watte

کاٹن وول

Nagelschere

ناخن کتر

Parfum

پرفیوم

Kulturbeutel

واش بيگ

Hocker

پاخانہ

Waage

وزن دا پیمانہ

Bademantel

باتھ نی الماری

Gummihandschuhe

ربر نے دستانہ

Tampon

بفر

Damenbinde

تولیہ سٹینڈ

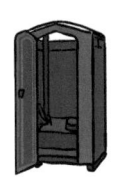

Chemietoilette

کیمیکل ٹوائلٹ

Kinderzimmer

بچیاں نا کمرہ

Wecker
الارم کلاک
Kuscheltier
کھڈونے
Spielzeugauto
کھڈونا گڈی
Rassel
Puppenhaus
Geschenk
تحفہ

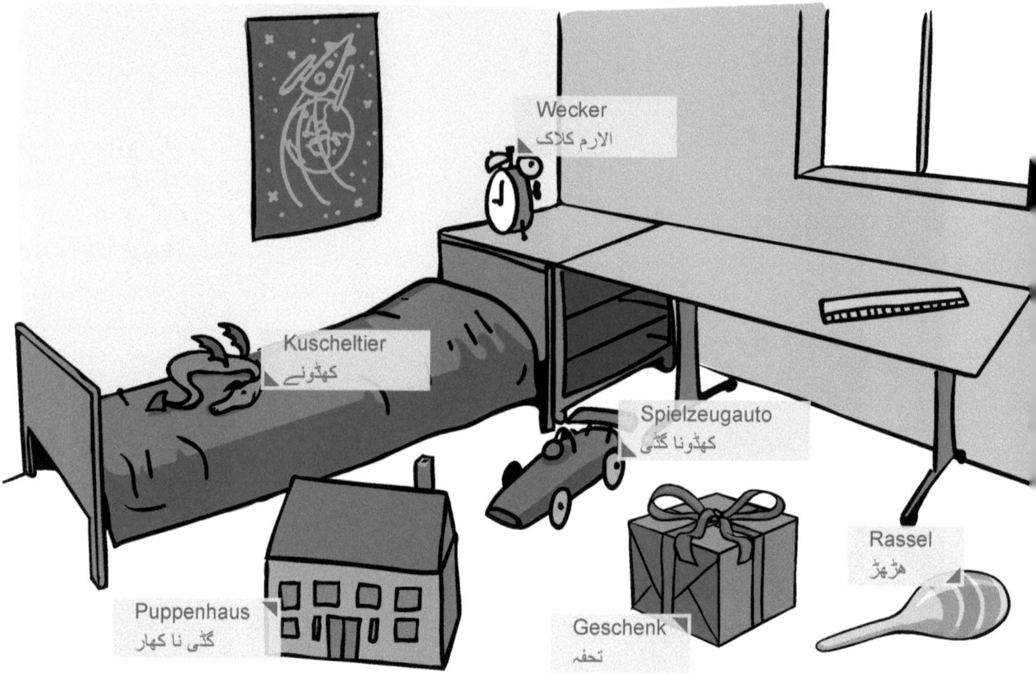

Ballon
پھکانا

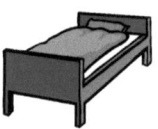

Bett
بیڈ

Kinderwagen
پرام

Kartenspiel
تاش نے پتے

Puzzle
جگ سا

Comic
کامک

Legosteine
....
لیگو برکس

Bausteine
....
بلڈنگ بلاکس

Action Figur
....
کھڈونا

Strampelanzug
....
بےبی گرو

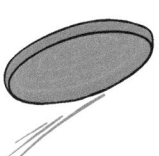

Frisbee
....
فرزوی

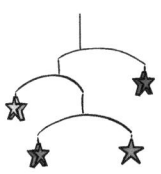

Mobile
....
موبائل

Brettspiel
....
بورڈ گیم

Würfel
....
ڈائس

Modelleisenbahn
....
ماڈل ٹرن سیٹ

Schnuller
....
ڈمی

Party
....
پارٹی

Bilderbuch
....
تصویری کتاب

Ball
....
گیند

Puppe
....
گڈی

spielen
....
کھیڈنا

Sandkasten
....
سینڈ پٹ

Schaukel
....
جھولا

Spielzeug
....
کھڈونے

Spielkonsole
....
ویڈیو گیم کنسول

Dreirad
....
ٹرائی سائیکل

Teddy
....
ٹیڈی بئیر

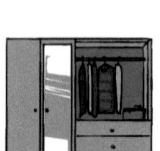

Kleiderschrank
....
الماری

Kleidung

کپڑے

Socken
....
جراباں

Strümpfe
....
جراباں

Strumpfhose
....
ٹائٹس

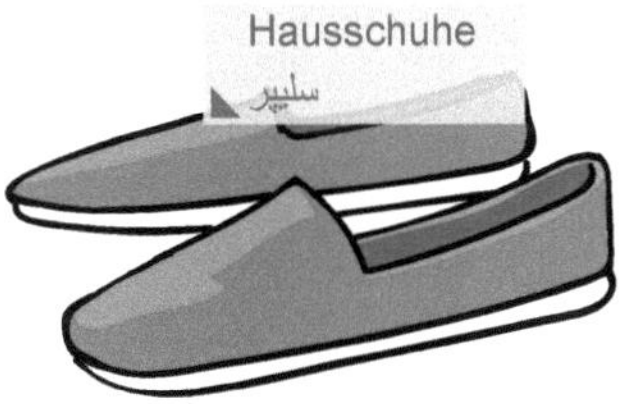

Schal
سکارف

Regenschirm
چھتری

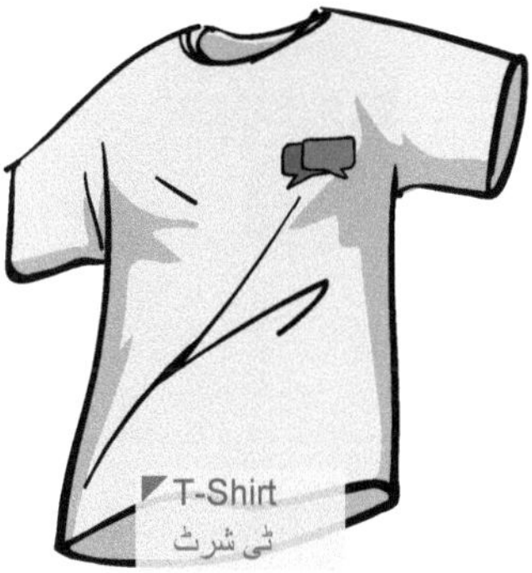

T-Shirt
ٹی شرٹ

Gürtel
بیلٹ

Turnschuhe
جوگر

Stiefel
بوٹ

Hausschuhe
سلیپر

Sandalen
....
سینڈل

Schuhe
....
جوتی

Gummistiefel
....
ربر نے جوتی

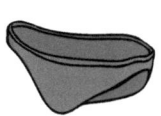

Unterhose
....
انڈر وئیر

Büstenhalter
....
برا

Unterhemd
....
بنیان

Body

جسم

Hose

پاجامہ

Jeans

جینز

Rock

سکرٹ

Bluse

برا

Hemd

قمیض

Pullover

سوئیٹر

Kapuzenpullover

ہوڈی

Blazer

کوٹ

Jacke

جیکٹ

Mantel

کوٹ

Regenmantel

برساتی

Kostüm

کاسٹیوم

Kleid

کپڑے

Hochzeitskleid

شادی نا جوڑا

Anzug
سوٹ

Nachthemd
راتے نے کپڑے

Schlafanzug
پاجامہ

Sari
ساڑھی

Kopftuch
سکارف

Turban
پگڑی

Burka
برقعہ

Kaftan
کفتان

Abaya
برقعہ

Badeanzug
نہان والے کپڑے

Badehose
انڈروئیر

Kurze Hose
نیکر

Trainingsanzug
ٹریک سوٹ

Schürze
دھوتی

Handschuhe
دستانے

Knopf

بٹن

Brille

چشمہ

Armband

بریسلیٹ

Halskette

ہار

Ring

انگوٹھی

Ohrring

کنڈے

Mütze

ٹوپی

Kleiderbügel

کوٹ ہینگر

Hut

ٹوپی

Krawatte

ٹائی

Reißverschluss

زپ

Helm

ہیلمٹ

Hosenträger

بریسز

Schuluniform

سکول نی وردی

Uniform

وردی

Lätzchen

بب

Schnuller

ڈمی

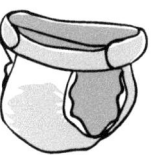

Windel

ناپی

Büro

دفتر

Server
سرور

Aktenschrank
فائلاں نے الماری

Drucker
پرنٹر

Monitor
مانیٹر

Papier
کاغذ

Maus
ماؤس

Schreibtisch
میز

Ordner
فولڈر

Tastatur
کی بورڈ

Papierkorb
کچرے نا ڈبہ

Stuhl
کرسی

Computer
کمپیوٹر

Kaffeebecher

کافی مگ

Taschenrechner

کیلکولیٹر

Internet

انٹرنیٹ

Laptop

لیپ ٹاپ

Brief

خط

Nachricht

پیغام

Handy

موبائل

Netzwerk

نیٹ ورک

Kopierer

فوٹو کاپئیر

Software

سافٹ وئیر

Telefon

ٹیلیفون

Steckdose

پلگ ساکٹ

Fax

فکس مشین

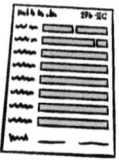

Formular

فارم

Dokument

دستاویزات

kaufen

خریدنا

bezahlen

ادا کرنا

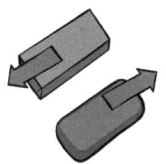

handeln

تجارت

Geld

پیسہ

Dollar

ڈالر

Euro

یورو

Yen

ین

Rubel

ربل

Franken

سویس فرانک

Renminbi Yuan

رینمینبی یوان

Rupie

روپیہ

Geldautomat

کیش پوائنٹ

Wechselstube

ایکسچینج دفتر

Gold

سونا

Silber

چاندی

Öl

تیل

Energie

توانائی

Preis

قیمت

Vertrag

معاہدہ

Steuer

ٹیکس

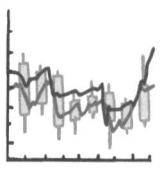

Aktie

سٹاک

arbeiten

کم

Angestellter

ملازم

Arbeitgeber

آجر

Fabrik

فیکٹری

Geschäft

ہٹی

Berufe

پیشہ

Polizist
پلس افسر
Feuerwehrmann
اگ بجھان آلا
Koch
کک
Arzt
ڈاکٹر
Pilot
پائلٹ

Gärtner

مالی

Tischler

برھئی

Näherin

درزن

Richter

جج

Chemiker

کیمسٹ

Schauspieler

ایکٹر

Busfahrer

بس ڈرائیور

Taxifahrer

ٹیکسی ڈرائیور

Fischer

مچھیرا

Putzfrau

صفائی آلی جنانی

Dachdecker

روفر

Kellner

ویٹر

Jäger

شکاری

Maler

پینٹر

Bäcker

بیکری آلا

Elektriker

الیکٹریشن

Bauarbeiter

تعمیرات آلا

Ingenieur

انجینئیر

Schlachter

قصائی

Klempner

پلمبر

Postbote

پوسٹ مین

Soldat

....

سپاہی

Architekt

....

آرکیٹیکٹ

Kassierer

....

کیشئیر

Florist

....

پھلاں آلا

Friseur

....

نائی

Schaffner

....

کنڈکٹر

Mechaniker

....

مکینک

Kapitän

....

کپتان

Zahnarzt

....

دندان ساز

Wissenschaftler

....

سائنس دان

Rabbi

....

ربائی

Imam

....

امام

Mönch

....

راہب

Geistlicher

....

انگریز

Werkzeuge

ٹولز

Zange
پلائر
Hammer
ہتھوڑا
Schraubendreher
سکریو ڈرائیور
Taschenlampe
ٹارچ
Schraubenschlüssel
سپینر

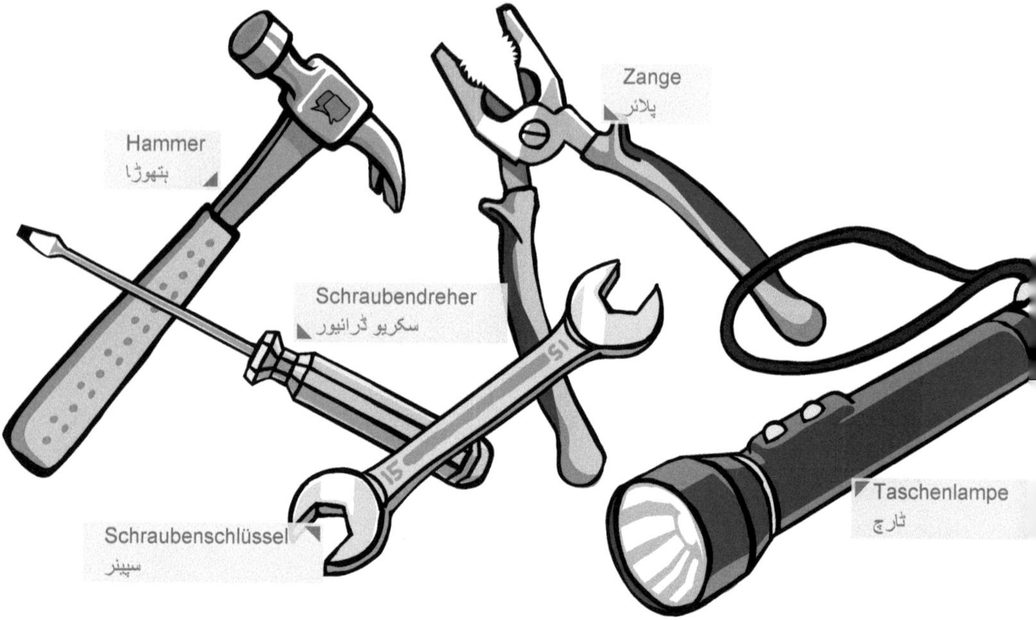

Bagger
پھاوڑا

Werkzeugkasten
ٹول باکس

Leiter
سیڑھی

Säge
آری

Nägel
کیل

Bohrer
ڈرل

reparieren

مرمت

Schaufel

شاول

Mist!

لعنت!

Kehrblech

ڈسٹ پین

Farbtopf

پینٹ پاٹ

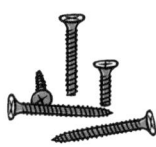

Schrauben

سکریوز

Musikinstrumente

موسیقی نے آلات

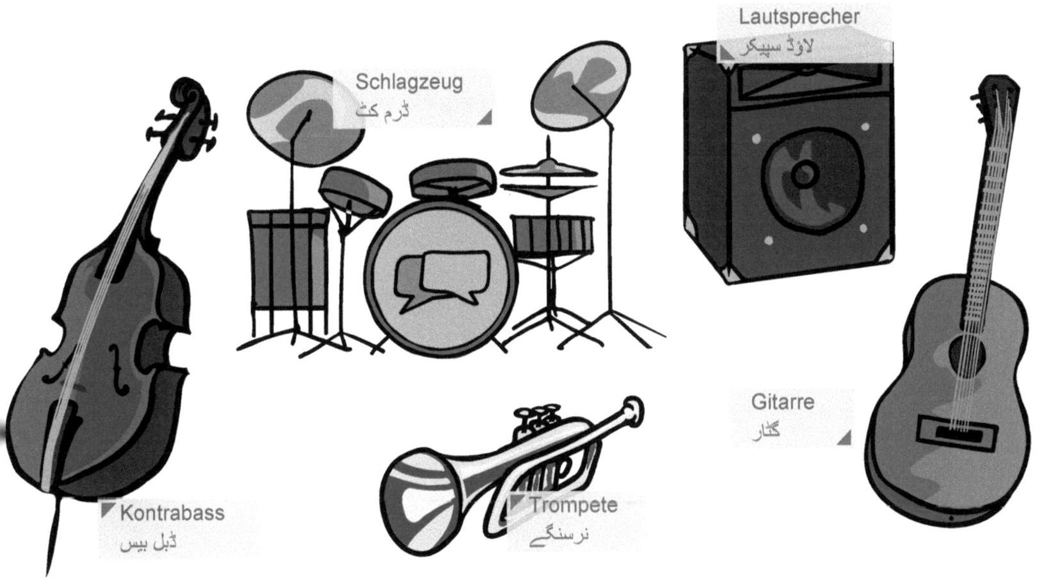

Lautsprecher
لاؤڈ سپیکر

Schlagzeug
ڈرم کٹ

Gitarre
گٹار

Kontrabass
ڈبل بیس

Trompete
نرسنگے

Klavier

پیانو

Violine

وائلن

Bass

بیس

Pauke

ٹمپانی

Trommeln

ڈرمز

Keyboard

کی بورڈ

Saxophon

سیگزو فون

Flöte

بانسری

Mikrofon

مائکروفون

Zoo

چڑیا کھار

Tiger
چیتا
Eingang
داخلہ
Käfig
پنجرہ
Zebra
زیبرا
Tierfutter
جانوراں دا کھانا
Panda
پانڈا

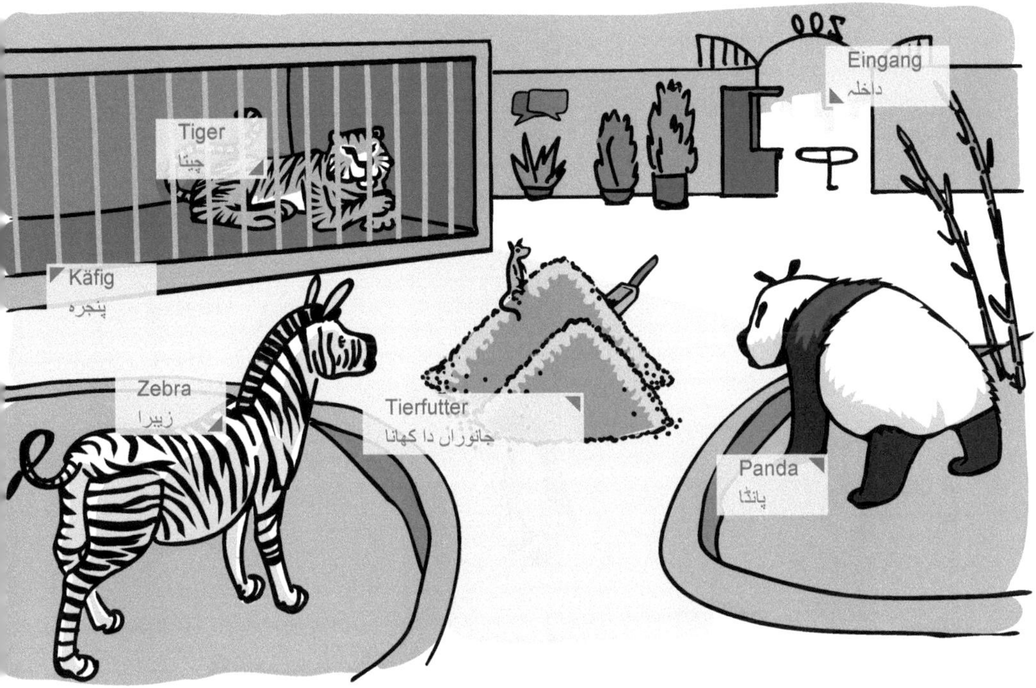

Tiere

جانور

Elefant

ہاتھی

Känguru

کینگرو

Nashorn

گینڈا

Gorilla

گوریلا

Bär

ریچھ

Kamel

اونٹ

Strauß

شترمرغ

Löwe

شیر

Affe

باندر

Flamingo

فلیمنگو

Papagei

طوطا

Eisbär

برفانی ریچھ

Pinguin

پینگوئین

Hai

شارک

Pfau

مور

Schlange

سپ

Krokodil

مگرمچھ

Zoowärter

چڑیا گھر دا رکھوالا

Robbe

سیل

Jaguar

جیگوار

Pony

پونی

Leopard

لیپرڈ

Nilpferd

ہپو

Giraffe

زرافہ

Adler

چیل

Wildschwein

نر سور

Fisch

مچھی

Schildkröte

کیچھوا

Walross

والرس

Fuchs

لومبڑ

Gazelle

گیزل

Sport
کھیڈنا

American Football
امریکن فٹابل
Radfahren
سائکلنگ
Tennis
ٹینس
Basketball
باسکٹ بال
Schwimmen
سوئیمنگ
Boxen
باکسنگ
Eishockey
آئس ہاکی

Fußball
فٹبال

Badminton
بیڈ منٹن

Leichtathletik
ایتھلیٹکس

Handball
ہینڈ بال

Skilaufen
سکیینگ

Polo
پولو

Aktivitäten

کم

springen
چھال مارنا
umarmen
چھپی پانا
lachen
gehen
چلنا
singen
گانا گانا
träumen
خواب
beten
دعا
küssen
بوسہ

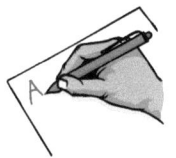

schreiben

لکھنا

zeichnen

لیک لانا

zeigen

وکھانا

drücken

دھکا

geben

دینا

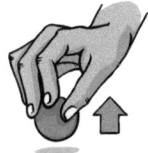

nehmen

لینا

haben

ہے وے

tun

کرنا

sein

ہو

stehen

کھلونا

laufen

دوڑنا

ziehen

چیھکنا

werfen

سٹنا

fallen

ٹھینا

liegen

جھوٹ

warten

انتظار

tragen

چکنا

sitzen

بیھنا

anziehen

کپڑے پانا

schlafen

سونا

aufwachen

جاگنا

ansehen

....

ویکھنا

weinen

....

رونا/چلانا

streicheln

....

سٹروک

kämmen

....

کنگھا

reden

....

گل کرنا

verstehen

....

سمجھنا

fragen

....

پوچھنا/دسنا

hören

....

سننا

trinken

....

پینا

essen

....

کھانا

aufräumen

....

تیار ہونا

lieben

....

محبت

kochen

....

پکانا

fahren

....

گڈی چلانا

fliegen

....

اڈنا

segeln

سمندری سفر

rechnen

کیلکولیٹ

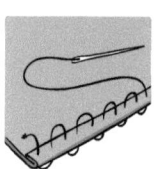

lesen

پڑھنا

lernen

سیکھنا

arbeiten

کم

heiraten

شادی

nähen

سیونا

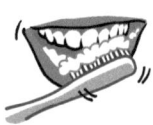

Zähne putzen

دند صاف

töten

قتل

rauchen

دھواں

senden

بھیجنا

Familie
کنبہ

Großmutter
دادی
Großvater
دادا
Vater
پیو
Mutter
ماں
Baby
بچہ
Tochter
دھی
Sohn
پتر

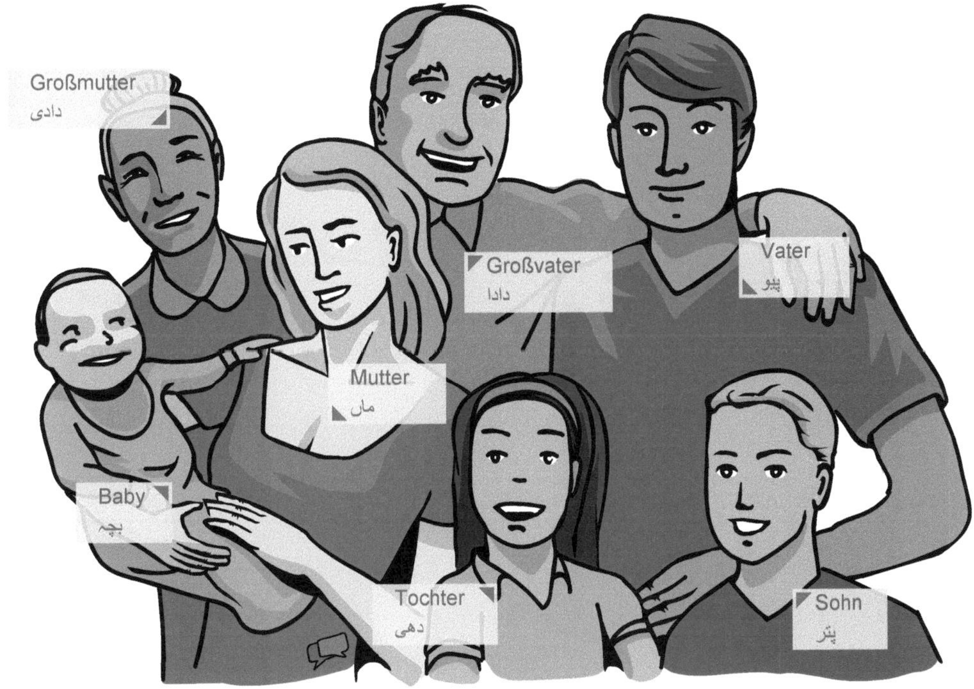

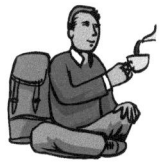

Gast

مہمان

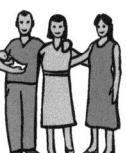

Tante

ماسی / پھو

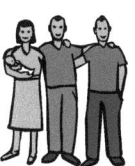

Onkel

چاچا/ماما

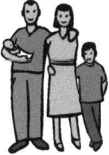

Bruder

بھرا

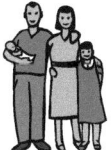

Schwester

بہن

Körper

جسم

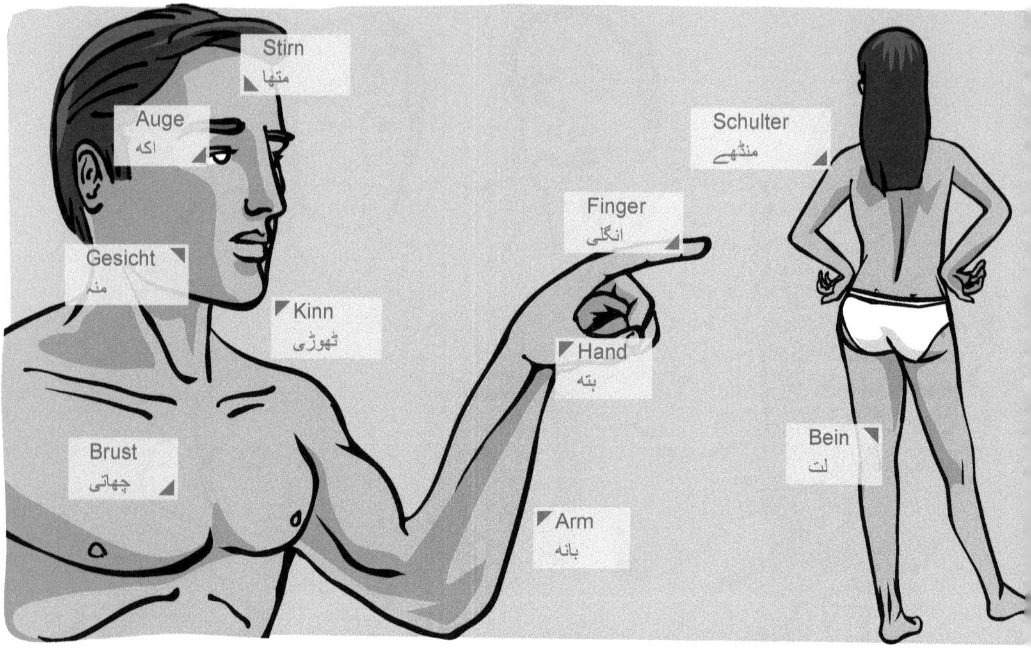

Stirn
متھا
Auge
اکھ
Gesicht
منہ
Kinn
ٹھوڑی
Brust
چھاتی
Finger
انگلی
Hand
ہتھ
Arm
بانہ
Schulter
منڈھے
Bein
لت

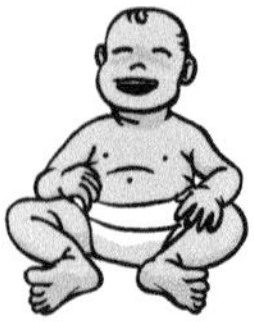

Baby

بچہ

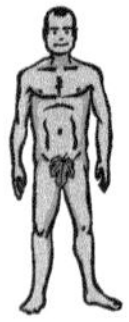

Mann

بندہ

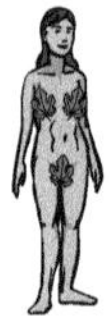

Frau

جنانی

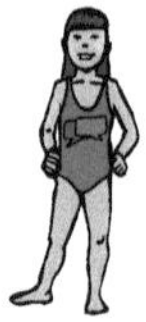

Mädchen

کڑی

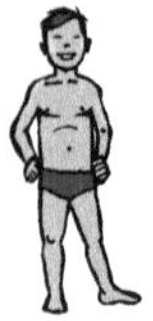

Junge

مڑا

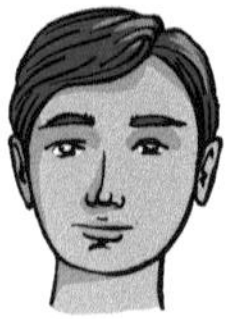

Kopf

سر

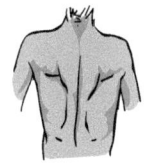

Rücken

کمر

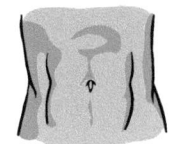

Bauch

ٹھڈ

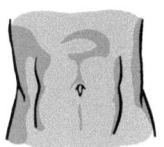

Nabel

تھنی

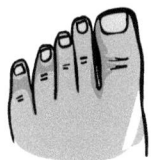

Zeh

پنجہ

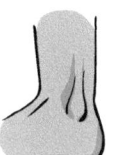

Ferse

اڈی

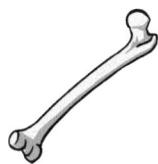

Knochen

ہڈہ

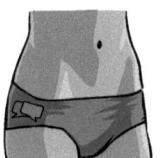

Hüfte

کولہے

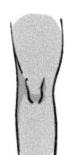

Knie

گوڈے

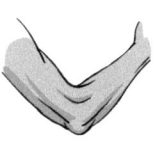

Ellenbogen

کہنی

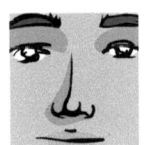

Nase

نک

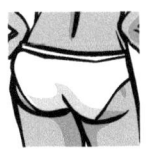

Gesäß

زیر جامہ

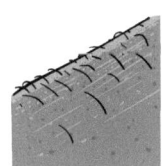

Haut

کھل

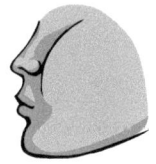

Wange

گلاں

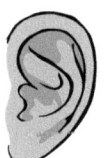

Ohr

کن

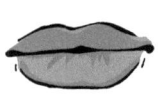

Lippe

بل

Mund

منہ

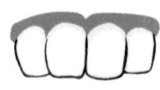

Zahn

دند

Zunge

زبان

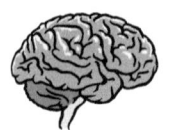

Gehirn

دماغ

Herz

دل

Muskel

پٹھے

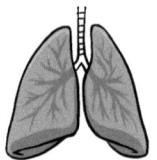

Lunge

پھیپڑے

Leber

جگر

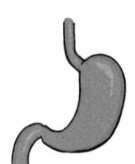

Magen

ٹھڈ

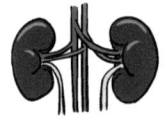

Nieren

گردے

Geschlechtsverkehr

جنس

Kondom

کنڈم

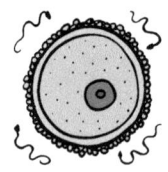

Eizelle

انڈے

Sperma

منی

Schwangerschaft

حمل

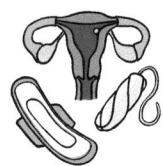

Menstruation

حیض

Vagina

اندام نہانی

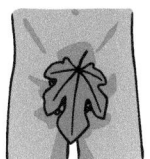

Penis

عضو تناسل

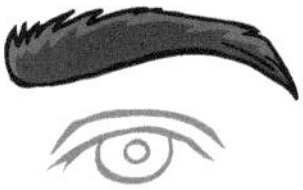

Augenbraue

بھوں

Haar

بال

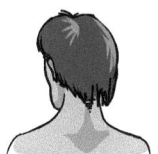

Hals

گردن

Krankenhaus

ہسپتال

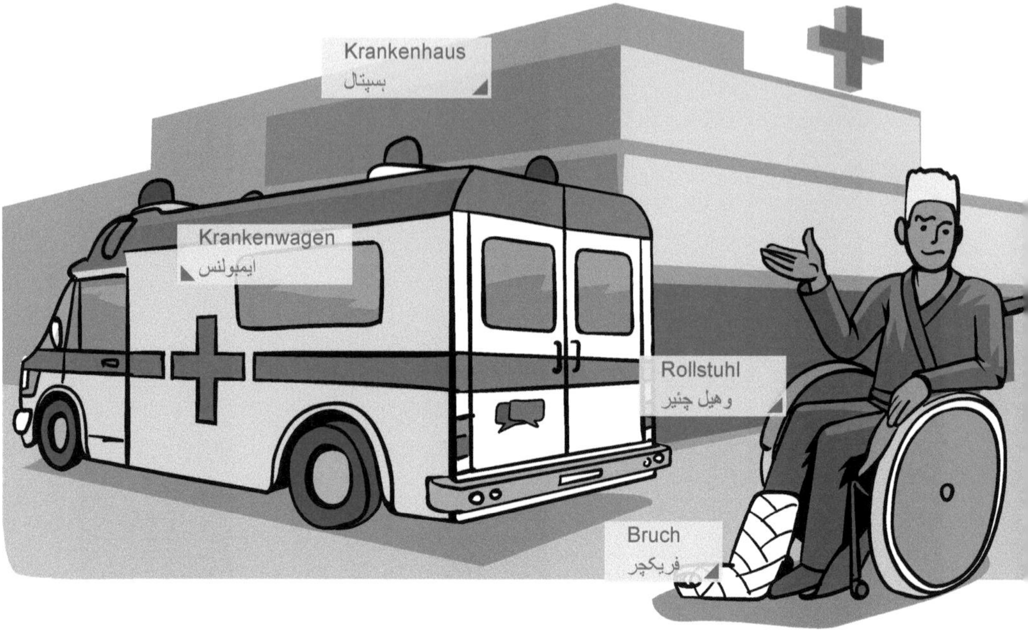

Krankenhaus
Krankenwagen
ایمبولنس
Rollstuhl
وھیل چئیر
Bruch
فریکچر

Arzt

ڈاکٹر

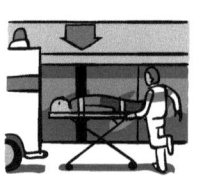

Notaufnahme

ہنگامی کمرہ

Krankenschwester

نرس

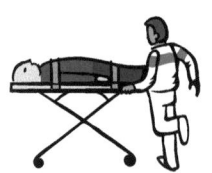

Notfall

ایمرجنسی

ohnmächtig

بے ہوش

Schmerz

درد

Verletzung

سٹ

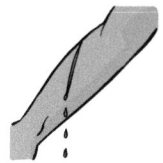

Blutung

خون نکلنا

Herzinfarkt

دل نا دوره

Schlaganfall

فالج

Allergie

الرجی

Husten

کھنگ

Fieber

تپ

Grippe

نزلہ

Durchfall

اسہال

Kopfschmerzen

سر درد

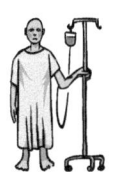

Krebs

کینسر

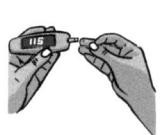

Diabetis

شوگر(ذیابطس)

Chirurg

سرجن

Skalpell

سکیلپیل

Operation

آپریشن

CT

سی ٹی

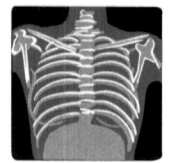

Röntgen

ایکسرے

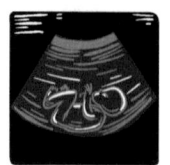

Ultraschall

الٹرا ساؤنڈ

Maske

چہرہ نا ماسک

Krankheit

بماری

Wartezimmer

انتظار گاہ

Krücke

بیساکھی

Pflaster

پلستر

Verband

پٹی

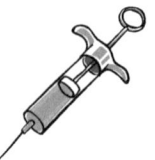

Injektion

ٹیکہ

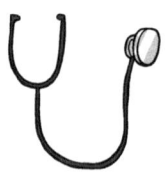

Stethoskop

سٹیتھوسکوپ

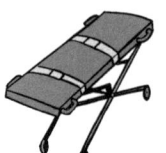

Trage

اسٹریچر

Thermometer

کلینکل تھرمومیٹر

Geburt

پیدائش

Übergewicht

زائدالوزن

Hörgerät

سنن لئی آلہ

Desinfektionsmittel

جراثیم کش

Infektion

متعدی مرض

Virus

وائرس

HIV / AIDS

HIV/AIDS

Medizin

دوائی

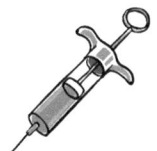

Impfung

ویکسینیشن

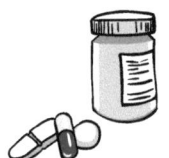

Tabletten

گولیاں

Pille

گولی

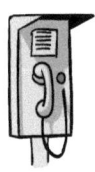

Notruf

ہنگامی کال

Blutdruck-Messgerät

بلڈ پریشر مانیٹر

krank / gesund

بیمار / صحتمند

Notfall

ایمرجنسی

Hilfe!

مدد!

Alarm

الارم

Überfall

حملہ

Angriff

حملہ

Gefahr

خطرہ

Notausgang

ہنگامی اخراج

Feuer!

آگ!

Feuerlöscher

آگ بجھانے والا آلہ

Unfall

حادثہ

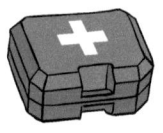

Erste-Hilfe-Koffer

فرسٹ ایڈ کٹ

SOS

SOS

Polizei

پلس

Europa

یورپ

Nordamerika

شمالی امریکہ

Südamerika

جنوبی امریکہ

Afrika

افریقہ

Asien

ایشیاء

Australien

آسٹریلیا

Atlantik

اٹلانٹک

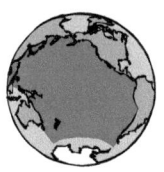

Pazifik

پیسیفک

Indischer Ozean

بحیرہ ہند

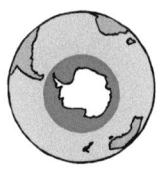

Antarktischer Ozean

بهیره انٹارکٹک

Arktischer Ozean

بهیره آرکٹیک

Nordpol

قطب شمالی

Südpol

قطب جنوبی

Antarktis

انٹارکٹیکا

Erde

زمین

Land

خشکی

Meer

سمندر

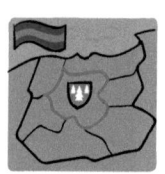

Insel

جزیرہ

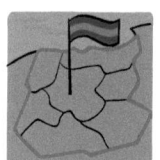

Nation

قوم

Staat

ریاست

Uhr
گھڑی

Zifferblatt

کلاک فیس

Stundenzeiger

نکی سوئی

Minutenzeiger

وڈی سوئی

Sekundenzeiger

سیکنڈ ہینڈ

Wie spät ist es?

کی ٹائم ہویا اے؟

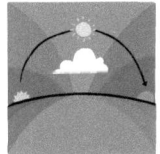

Tag

دن

Zeit

وقت

jetzt

ہون

Digitaluhr

ڈیجیٹل گھڑی

Minute

منٹ

Stunde

گھنٹہ

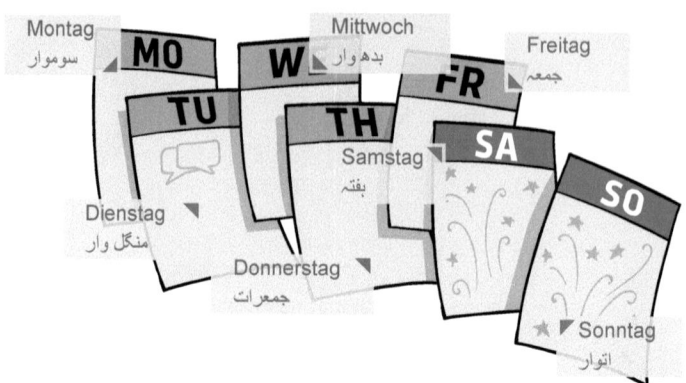

Woche
ہفتہ

MO
TU
W
TH
FR
SA
SO
Montag
سوموار
Dienstag
منگل وار
Mittwoch
بدھ وار
Donnerstag
جمعرات
Freitag
جمعہ
Samstag
Sonntag
اتوار

MON
21

gestern

کل

2

heute

اج

3

morgen

کل

Morgen

سویر

Mittag

دوپہر

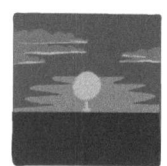

Abend

شام

MO TU WE TH FR SA SU
1 2 3 4 5 6 7
8 9 10 11 12 13 14
15 16 17 18 19 20 21
22 23 24 25 26 27 28
29 30 31 1 2 3 4

Arbeitstage

کاروباری دن

MO TU WE TH FR SA SU
1 2 3 4 5 6 7
8 9 10 11 12 13 14
15 16 17 18 19 20 21
22 23 24 25 26 27 28
29 30 31 1 2 3 4

Wochenende

ویک اینڈ

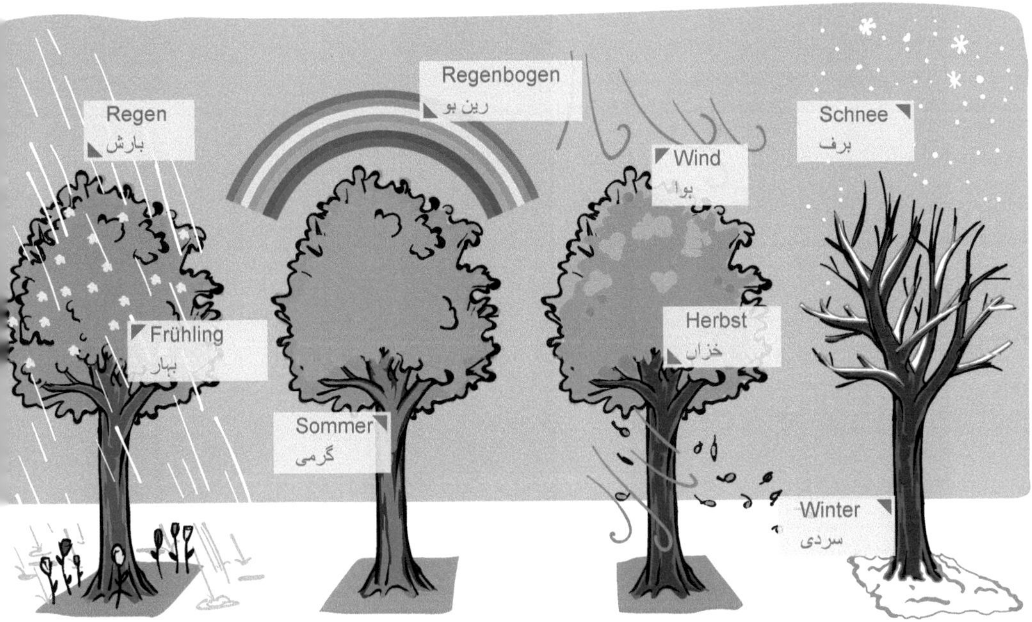

Regen
بارش
Regenbogen
رین بو
Wind
ہوا
Schnee
برف
Frühling
بہار
Sommer
گرمی
Herbst
خزاں
Winter
سردی

4.APRIL 11°
5.APRIL 4°
6.APRIL 13°
7.APRIL 8°
8.APRIL 10°

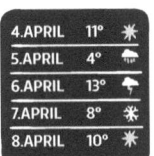

Wettervorhersage
....
موسمی پیشگوئی

F C
120 40
90 30
60 20
30 10
0 0
-30 -10
-20

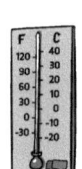

Thermometer
....
تھرمامیٹر

Sonnenschein
....
سورج نے چمک

Wolke
....
بدل

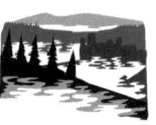

Nebel
....
دھند

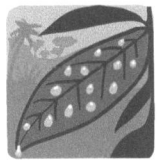

Luftfeuchtigkeit
....
نمی

Blitz

بجلی کڑکنا

Donner

گرج

Sturm

نہیری

Hagel

اولے

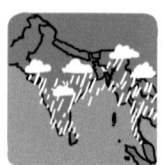

Monsun

ساون

Flut

سیلاب

Eis

برف

Januar

جنوری

Februar

فروری

März

مارچ

April

اپریل

Mai

مئی

Juni

جون

Juli

جولائی

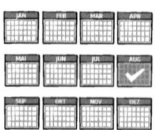

August

اگست

September

ستمبر

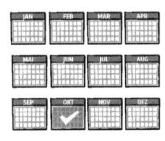

Oktober

اکتوبر

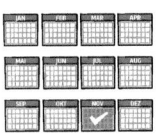

November

نومبر

Dezember

دسمبر

Formen

شکلاں

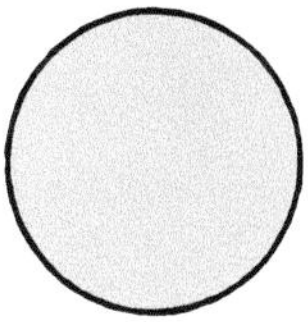

Kreis

گول

Quadrat

چوکور

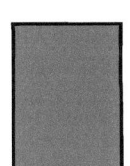

Rechteck

مستطیل

Dreieck

مثلث

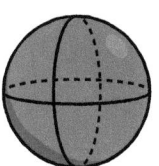

Kugel

دائرہ نما

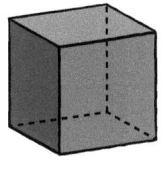

Würfel

مکعب

Farben
رنگ

weiß
چٹا

gelb
پیلا

orange
نارنجی

pink
گلابی

rot
رتا

lila
جامنی

blau
نیلا

grün
ہرا

braun
کتھئی

grau
سرمئی

schwarz
کالا

Gegenteile
مخالف

viel / wenig

زیادہ / گھٹ

wütend / friedlich

ناراض / پرسکون

hübsch / hässlich

خوبصورت / بدصورت

Anfang / Ende

ابتداء / اختتام

groß / klein

وڈا / نکا

hell / dunkel

روشن / نھیرا

Bruder / Schwester

بھرا / بہن

sauber / schmutzig

صاف / گندا

vollständig / unvollständig

مکمل / نا مکمل

Tag / Nacht

دن / رات

tot / lebendig

مردہ / اندہ

breit / schmal

چوڑا / تنگ

genießbar / ungenießbar

خوردنی / ناقابل خوردنی

böse / freundlich

پھیڑا / چنگا

aufgeregt / gelangweilt

خوش / ناخوش

dick / dünn

موٹا / پتلا

zuerst / zuletzt

پہلا / آخری

Freund / Feind

دوست / دشمن

voll / leer

بھریا / خالی

hart / weich

سخت / نرم

schwer / leicht

بھاری / ہلکا

Hunger / Durst

بھوک / پیاس

krank / gesund

بیمار / صحتمند

illegal / legal

قانونی / غیر قانونی

intelligent / dumm

ذہین / بیوقوف

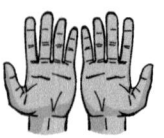

links / rechts

کھبا / سجا

nah / fern

کولے / دور

neu / gebraucht

....

نواں / پرانا

nichts / etwas

....

کجه نئیں / سب کجه

alt / jung

....

بڈھا / جوان

an / aus

....

کھولنا / بند کرنا

offen / geschlossen

....

کھولنا / بند کرنا

leise / laut

....

خاموشی / شور

reich / arm

....

امیر / غریب

richtig / falsch

....

درست / غلط

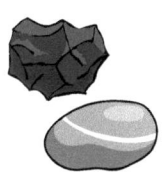

rau / glatt

....

کھردرا / ہموار

traurig / glücklich

....

افسردہ / خوش

kurz / lang

....

نکا / لما

langsam / schnell

....

آہستہ / تیز

nass / trocken

....

گیلا / خشک

warm / kühl

....

گرم / ٹھنڈا

Krieg / Frieden

....

جنگ / امن

Zahlen

اعداد

0
null
صفر

1
eins
اک

2
zwei
دو

3
drei
تن

4
vier
چار

5
fünf
پنج

6
sechs
چه

7
sieben
ست

8
acht
اٹه

9
neun
نو

10
zehn
دس

11
elf
یاراں

12

zwölf

باراں

13

dreizehn

تیراں

14

vierzehn

چودا

15

fünfzehn

پندرہ

16

sechzehn

سولہ

17

siebzehn

ستاراں

18

achtzehn

اٹھاراں

19

neunzehn

انیہ

20

zwanzig

وی

100

hundert

سو

1.000

tausend

ہزار

1.000.000

million

ملین

Sprachen

بولی

Englisch

انگریزی

Amerikanisches Englisch

امریکی انگریزی

Chinesisch Mandarin

چینی مینڈیرین

Hindi

ہندی

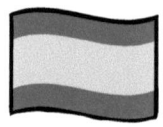

Spanisch

سپینش

Französisch

فرینچ

Arabisch

عربی

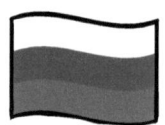

Russisch

رشئین

Portugiesisch

پرتگالی

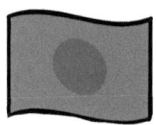

Bengalisch

بنگالی

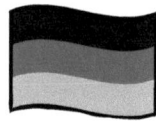

Deutsch

جرمن

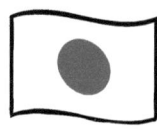

Japanisch

جاپانی

wer / was / wie

کون/ کی / کیوں

ich

میں

du

توں

er / sie / es

وہ/وہ/ایہہ

wir

اسیں

ihr

توں

sie

او

wer?

کون؟

was?

کی؟

wie?

کیویں؟

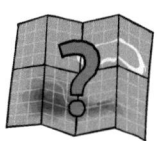

wo?

کتھے؟

wann?

کدوں؟

Name

ناں

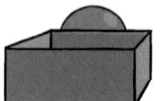

wo

کتھے

hinter

پچھے

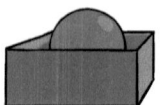

in

وچ

vor

نے سامنے

über

تے

auf

تے

unter

ہیٹھ

neben

سوا

zwischen

مابین

Ort

جگہ